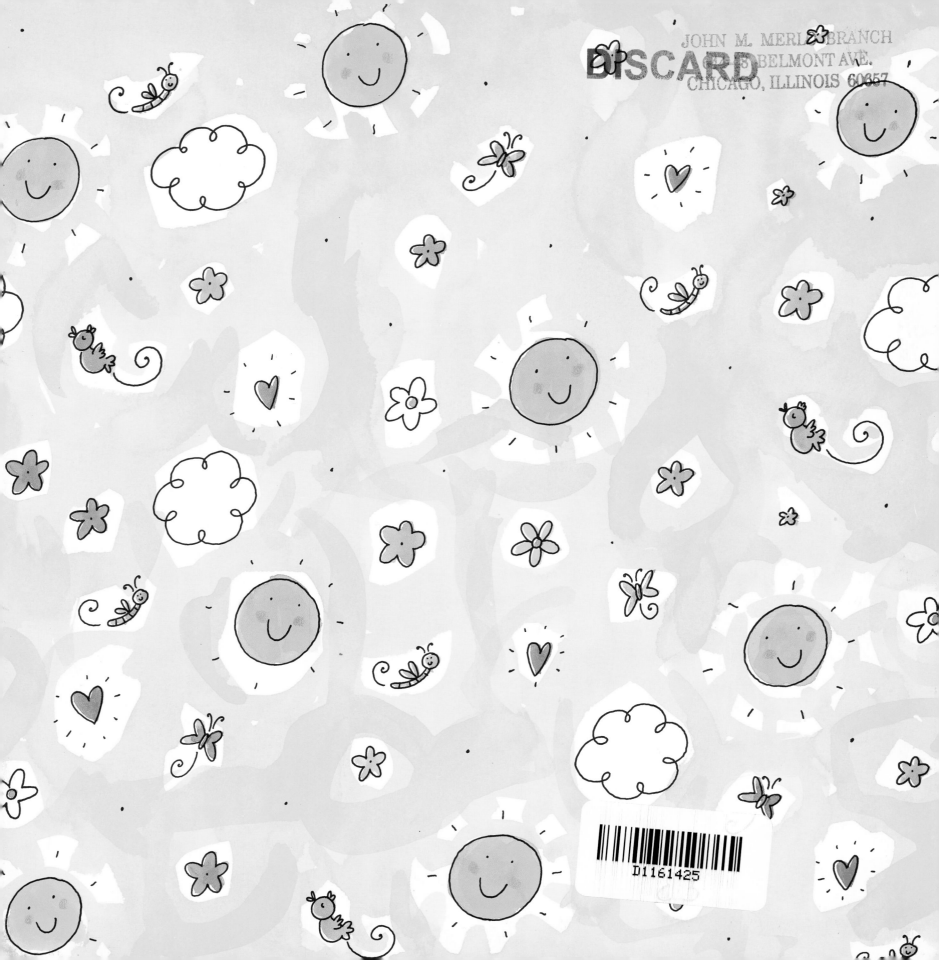

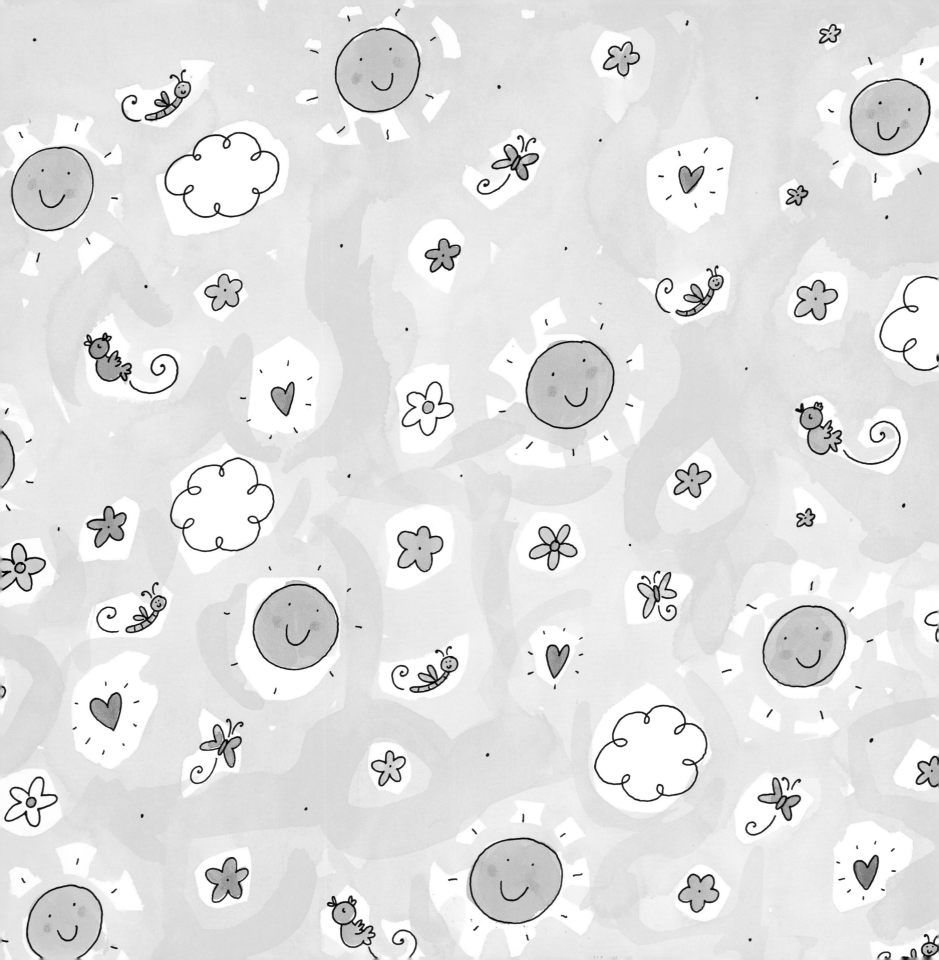

Un mundo de peques

por Amanda Haley

BROSQUIL
edicions

sol

¡Buenos días, cielo!

mariposas

despertar con
mamá y papá

¡despierto!

tomar el biberón

vaso

pasta de dientes

cepillo de dientes

ver el sol

pañales

cambiar los pañales

peluche

pelota

mantita

peine y cepillo

¡Vamos a prepararnos!

cuchara

Papilla

preparar la bolsa del bebe

vestirse

desayunar

calcetines

camiseta

Zumo

quitarse el pijama

bolsa de pañales

beber leche

a la guardería

dar de comer al gato

biberón

cereales

¡A jugar!

globos

libro de canciones

pasear al perro

conducir un coche

llaves

jugar en el parque

dibujar

camión

avión

sonajero

pato

pintar

hacer música

leer un libro

piii-piii el tren

lápices de colores

bailar

tambor

cubos

insectos

Vamos de paseo

coche

comprar en el supermercado

casa

flor

visitar el zoológico

ir a pasear

subir en un carrito

jugar con un perrito

¡Hora de comer!

sentarse en la sillita

compartir una galleta

bebé juguetón

plátanos

cerezas

cuenco

cuchara

pasta

pizza

tomar el biberón

ir de picnic

comer
con la cuchara

uvas

comer un bocadillo

manzana

sentarse a la mesa

La hora de la siesta

mecerse en la mecedora

mirar fotografías

dormir sobre una mantita

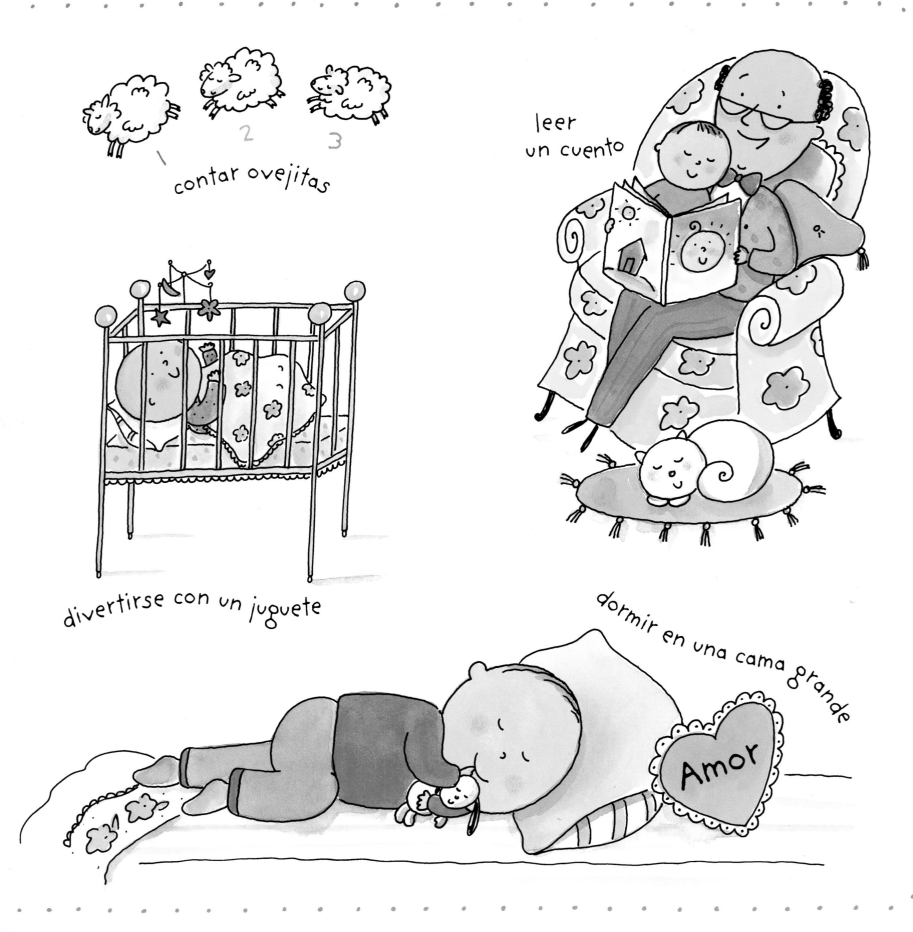

contar ovejitas

leer un cuento

divertirse con un juguete

dormir en una cama grande

Amor

estrujar un juguete

Amiguitos

abrazar a un amigo

jugar en el patio

balancín

jugar con un gato

divertirse con un balón

bajar
por
un
tobogán

jugar en el cajón de arena

jugar con trenes

¡A cenar!

ayudar a cocinar

salsa

cenar

vaso

plato

poner
la mesa

sacar comida
del frigorífico

Papilla

Con la familia

jugar en el suelo

amigos y familia

juego de mesa

Juego

leer un cuento

mecerse en el porche

dibujar con ceras

Ceras

hacer un puzzle

puzzle

contemplar las estrellas

ver fotos de la familia

jugar a las damas

polvos de talco

¡Al agua patos!

envolverse en la toalla

barquito

bañarse con los juguetes

secarse

Jabón

salpicar
en la pila

pijama

Luna y estrellas

¡Buenas noches, cielo!

juguete

cantar una nana

lámpara

cepillarse
los dientes

hora de dormir

cuento para dormir

cielo estrellado

música tranquila

¡cucu... guá!

leer una historia

chupete

quedarse dormido

biberón

abrazarse a
una mantita

A mi marido, Brian, por su ternura y paciencia.

Colección Brosquil Infantil

Un mundo de peques

Edición publicada de acuerdo con Litte Brown and Company (Inc.), Nueva York, EEUU.
Todos los derechos reservados

Título original: It's a Baby's World
Publicado por: Little, Brown and Company

Copyright © Amanda Haley

Traducción: Mari Luz Ponce

Primera edición

Resumen: las imágenes y sus rótulos muestran actividades familiares diarias con los bebés y los niños pequeños.

ISBN: 84-95620-97-9
Depósito Legal: V-583-2003

Las ilustraciones de este libro están realizadas en acuarela y tinta.
El texto está en letra Providence y los títulos en Fontesque.

BROSQUIL
ediciones

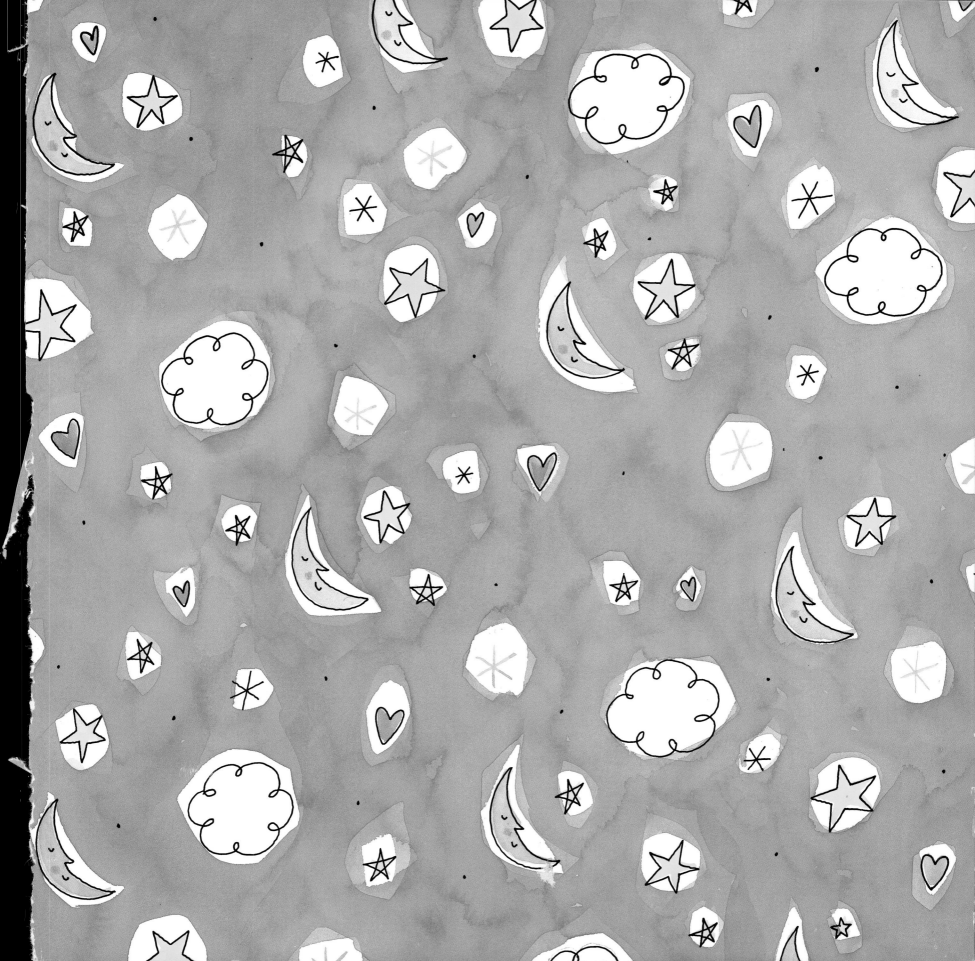

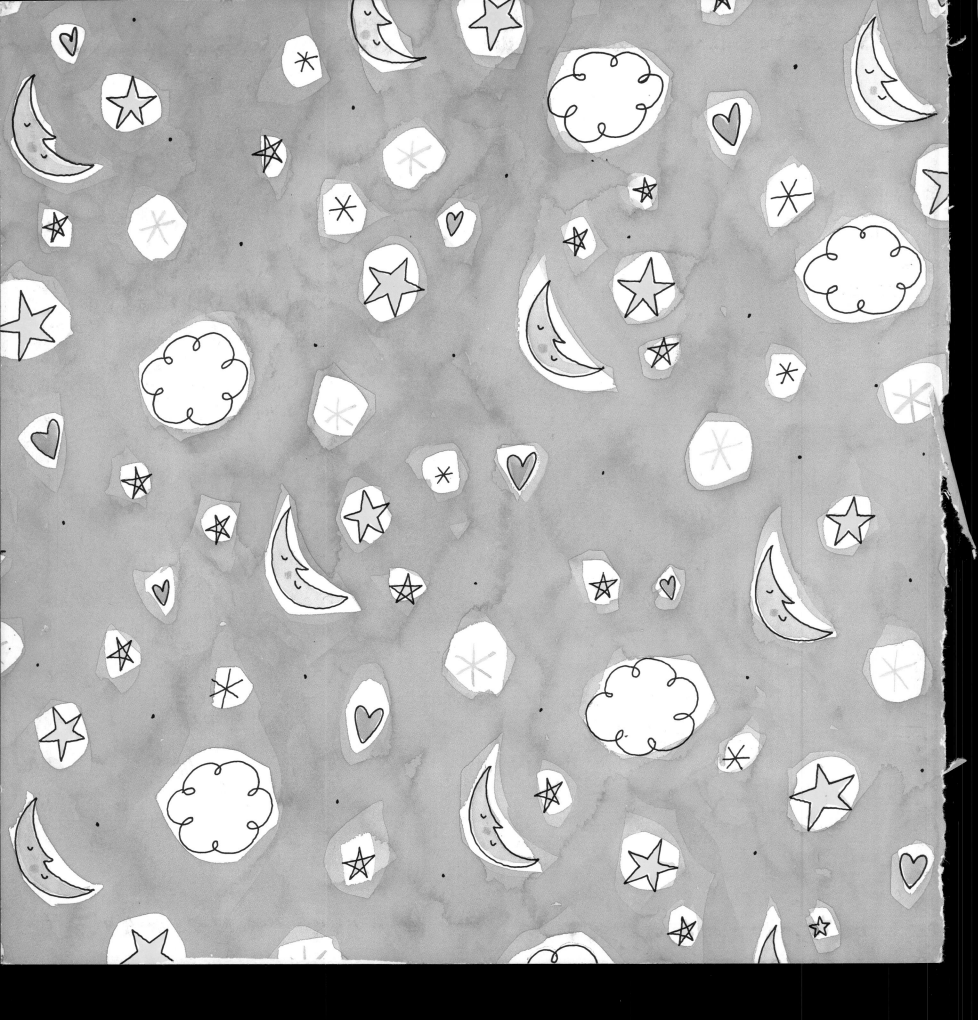